www.ingramcontent.com/pod-product-compliance
Lightning Source LLC
Chambersburg PA
CBHW042033110726
48006CB00025B/1164

واحة الحكايات للنشر والتوزيع
جمهورية مصر العربية
الإمارات العربية المتحدة
Wahat Alhekayat publishing
and distribution
UAE: 0097143336366
00971504599804
00971558236687
E: w.hekayat@gmail.com
موقع الكتب الورقية
www.wahatalhekayat.com
مكتبة إلكترونية ومنصة تعليمية
www.wahatalhekayat.academy
وفاء أميرة
تأليف: د. صفاء عزمي
رسوم: أنجيلا نوربتليان
ISBN 9789778513547
رقم الإيداع بدار الكتب المصرية
15847
حقوق الطبع محفوظة

اسْمي أميرةٌ، وعِنْدي تاجُ أميرةٍ،
ولَكِنَّني لَسْتُ أميرةً حَقيقِـيَّةً،
قالَتْ أُمّي: الأميرةُ الحَقيقِـيَّةُ،
هِيَ مَنْ تَـمْلِكُ صِفات الأميرةِ،
وتَتَصَرَّفُ مِثْلَ الأميرة.

أَهدَتْني صَديقَةُ أُمّي دَبْدوبًا
وكانَ عُمْري يَوْمًا واحِدًا.

وَضَعَتْهُ أُمّي في سَريري،
وغَطَّتْهُ بِغِطائي، وكانَ
عُمْري أُسبوعًا واحِدًا.

كُنْتُ أُحِبُّ مَلْمَسَهُ الجَمِيلَ، وَنَظْرَتَهُ الحَنونَةَ، وكانَ عُمْري شَهْرًا واحِدًا.

وكُنْتُ أَبْكِي إذا ابْتَعَدَ عَنِّي، أَوْ لَمَسَهُ أَحَدٌ غَيْري، وكانَ عُمْري عامًا واحِدًا.

كُنْتُ أَلَعَبُ مَعَهُ ومَعَ إخواني، يَضَعونَنا
في عَرَبـةٍ، ويَدْفَعونَنا بسُرْعةٍ. فَنَفْرَحُ
ونَضْحَكُ، ثُمَّ نَصيحُ: تَوَقَّفوا... تَوَقَّفوا.

ولَكِنَّهُمْ لَمْ يَسْمَعوا نِداءَنا، ولَمْ
يَتَوَقَّفـوا... وكانَ عُمْري عامَيْن.

في أحَدِ الأيّامِ رُحْتُ أَسْبَحُ، ومَعي
دَبْدوبي، وبَعْدَ السِّباحَةِ أَخَذَتْهُ
أُمّي، وعَلَّقَتْهُ عَلى الحَبْلِ.

في ذلكَ اليومِ خِفْتُ كثيرًا... كثيرًا... وجَلَسْتُ
طوالَ اليومِ أَنْظُرُ إِلَيْهِ وهُوَ مُعَلَّقٌ، وفَرِحْتُ
عِنْدَما جَفَّ وأَصْبَحَ نَظيفًا.
وكانَ عُمْري ثَلاثَةَ أَعْوامٍ.

كُنْتُ أَضَعُ لَهُ نَظّارةً مِثْلي، وكُلَّ يَوْمٍ نَقْرَأُ
قِصَّةً، ثُمَّ نَدْعو اللَّهَ ونَنامُ، ورُبَّـما نَرى
نَفْسَ الأَحْلامِ، وكانَ عُمْري أَرْبَعَةَ أَعْوامٍ.

في أَحَدِ الأَيّامِ وَقَعَتِ العَيْنُ اليُمْنى لِلدَّبدوبِ.
بَكَيتُ كَثيرًا... كَثيرًا... وبَحَثْنا عَنِ العَينِ في كُلِّ
مكانٍ، حَتّى وَجَدَها أخي تَحْتَ السَّريرِ.
وخاطَتْ جَدَّتي العَيْنَ في مَكانِها.

سافَرْنا مَعًا في الطَّائِرَةِ، ورَبَطْنا الحِزامَ،
شاهَدْنا (فيلمًا)، وتَشارَكْنا في الطَّعامِ.

نَظرنا إلى السَّحابِ، وتَخَيَّلْناهُ مِثْلَ الأَسَدِ،
أوِ الدُّلفينِ، وأحْيانًا مِثْلَ السِّنْجابِ،
وكانَ عُمْري سِتَّةَ أعْوامٍ.

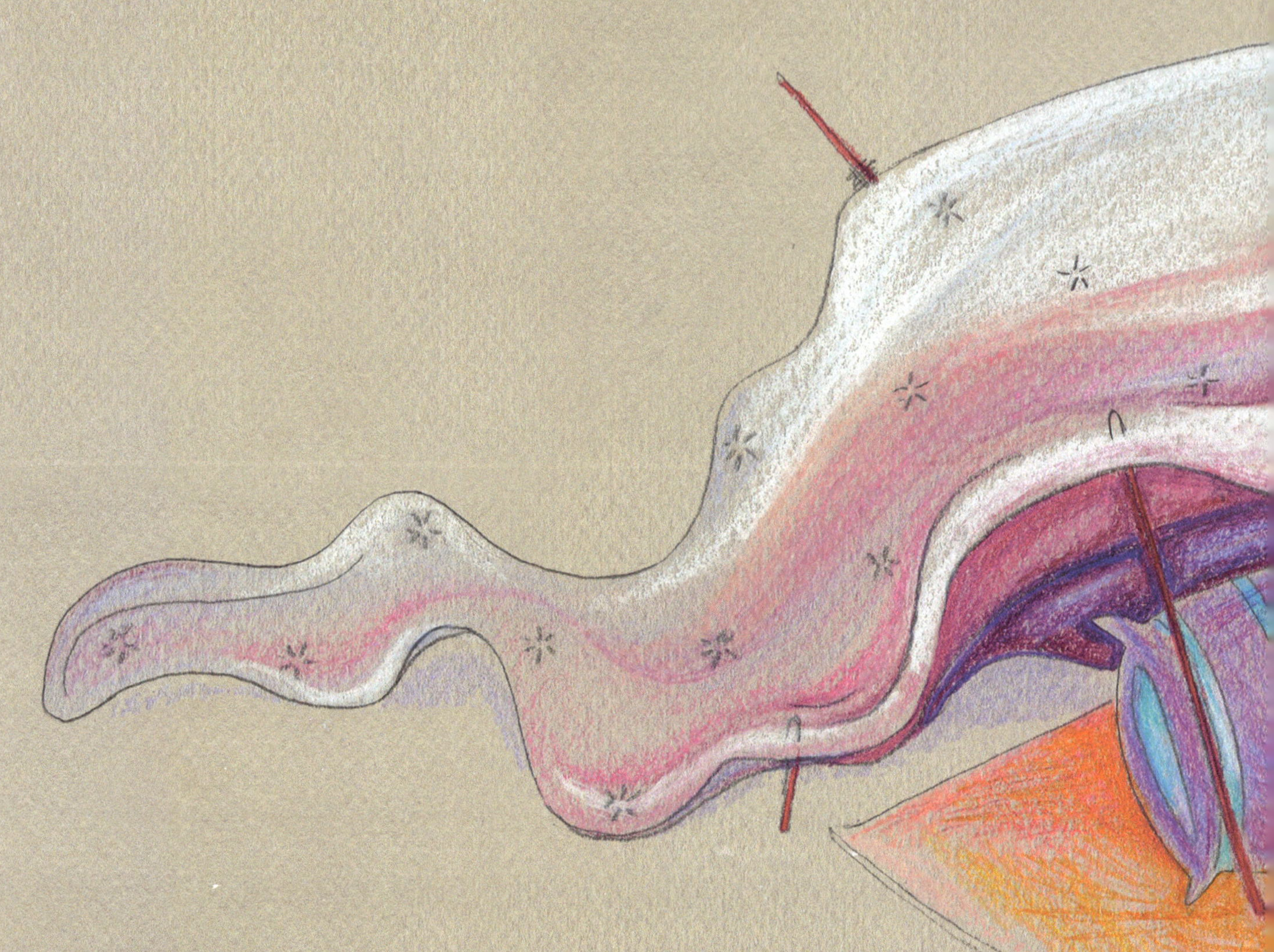

مَرَّتِ الأَيّامُ، وأَصْبَحَ عُمْرِي سَبْعَةَ أَعْوامٍ، طَلَبَتْ إِلَيْنـا الْمُعَلِّمَةُ أَنْ نَكْتُبَ قِصَّةً عَنْ أَشياءَ لَها ذِكْرَياتٌ جَميلَةٌ.

عُدْتُ إِلى الْبَيْتِ، وجَلَسْتُ في خَيْمَتي، وَضَعْتُ دَبْدوبي أَمامي، ورُحْتُ أَرْسُمُ وأَكْتُبُ،

ثُمَّ وضَعْتُهُ في حَقيبَتي، وأخَذْتُهُ إلى المَدْرَسَةِ.
وهُناكَ قَرَأْتُ قِصَّتي، وحَكَيْتُ حِكايَتي.
حِكاية: صَديقي الدَّبدوب.

وذَكَرْتُ كَيْفَ كُنْتُ أُحِبُّهُ، ومازِلْتُ أُحِبُّهُ، تَمامًا
مِثْلَما أحْبَبْتُهُ في الماضي، عِنْـدَما كانَ عُمْـري
يَوْمًا واحِدًا، وأُسْبوعًا واحِدًا، وشَهْرًا واحِدًا،
وعامًا واحِدا.

أميرةُ الوفاء